DES
DONS ET LEGS

EN FAVEUR

DES

CONSEILS PRESBYTÉRAUX

ET DES

CONSISTOIRES

PAR

ARMAND LODS

Docteur en droit,
Avocat à la Cour d'appel de Paris.

PARIS

LIBRAIRIE FISCHBACHER

SOCIÉTÉ ANONYME

33, Rue de Seine, 33

DES DONS ET LEGS

EN FAVEUR

DES

CONSEILS PRESBYTÉRAUX

ET DES

CONSISTOIRES

PAR

ARMAND LODS

Docteur en droit,
Avocat à la Cour d'appel de Paris.

PARIS

LIBRAIRIE FISCHBACHER

SOCIÉTÉ ANONYME

33, Rue de Seine, 33

DU MÊME AUTEUR :

De la Vente à réméré, précédée d'une étude sur la *lex commis-
soria*. — 1879. In-8°. Paris, Thorin.   4 »

Des Causes de rescision de l'acceptation des successions. —
1878. In-8°. Paris, Thorin.   1 »

Du Partage provisionnel. — 1880. In-8°. Paris, Thorin.   1 »

Des Soutiens de famille. 1882. In-8°. Paris, Thorin.   1 »

Étude juridique sur la réorganisation administrative de
l'Eglise de la Confession d'Augsbourg. — 1884. In-8°. Paris,
Fischbacher.   1 »

Des Rapports des Fabriques et des Conseils presbytéraux
avec les communes, d'après la loi du 5 avril 1884. — In-8°.
Paris, Thorin.   1 »

DES

DONS ET LEGS

EN FAVEUR

DES CONSEILS PRESBYTÉRAUX

ET

DES CONSISTOIRES

Chacun peut en principe, dans les limites tracées par la loi, disposer à son gré, en tout ou en partie, de son patrimoine ; il peut en gratifier soit une personne physique, soit une collectivité d'individus, soit un être de raison établi au sein de l'État par un acte de la puissance publique et formant une *personne morale*.

Les Conseils presbytéraux, les Consistoires et, dans l'église de la Confession d'Augsbourg, les synodes particuliers, forment des personnes morales; ils peuvent donc recevoir des donations et des legs, à condition toutefois d'obtenir l'autorisation gouvernementale.

Toutes les dispositions faites en faveur d'un établissement public sont soumises à la haute tutelle de l'État. Le gouvernement intervient, dans un intérêt public, pour empêcher la reconstitution des biens de main-morte; pour entraver le développement des personnes morales qui, si elles avaient des richesses trop considérables, finiraient par acquérir une puissance redoutable et enlèveraient à la circulation des immeubles d'une grande importance. L'autorisation est aussi exigée pour sauvegarder la fortune des particuliers protéger les familles contre des entraînements inconsidérés et excessifs.

Cette garantie, édictée par l'article 910 du Code civil, existait déjà sous notre ancienne législation : les Parlements avaient le droit d'autoriser et même de réduire les libéralités faites aux communautés ecclésiastiques *approuvées*. Rousseau de la Combe cite, dans son *Recueil de Jurisprudence civile* (1), de nombreux arrêts rendus en cette matière et il fait remarquer que les Parlements avaient égard, pour rendre leurs décisions, à l'état du monastère, à la forme de la disposition, à la qualité des héritiers ; et Ricard, dans son *Traité des Donations*, après avoir reconnu la capacité des établissements religieux pour recevoir des donations universelles, ajoute « qu'il est de la prudence du magistrat de prendre garde » qu'ils ne s'en servent pas pour acquérir des richesses » effrénées (2). » Ainsi les considérations qui avaient servi de base à la jurisprudence de nos anciens Parlements sont les mêmes qui ont déterminé le législateur de 1804 à conférer au gouvernement le droit d'autoriser l'acceptation des dispositions entre-vifs ou par testament faites au profit d'un établissement d'utilité publique. Les principaux éléments qui devront entrer en ligne de compte pour entraîner la décision de l'autorité, seront en premier lieu la destination du legs, les services qu'il peut rendre à l'établissement bénéficiaire, en ayant égard à sa situation financière, et en second lieu le degré de parenté qui existait entre le testateur et les héritiers réclamants, la position de fortune de ceux-ci et les raisons qui ont déterminé le défunt à gratifier l'établissement public.

S'il s'agit d'une libéralité faite à un Consistoire, l'autorisation est donnée en règle générale par décret, le Conseil d'État entendu (Loi du 2 janvier 1817. — Ordonnance du 2 avril 1817, art. 1). Par exception, le Préfet est appelé à statuer, dans tous les cas, sur l'acceptation des dons et legs

---

(1) V° Communautés ecclésiastiques. N° 2 et suivants.
(2) Ricard, *Traité des Donations*, T. I. — N° 614.

n'excédant pas 300 francs (art. 1, in-fine. Ordonnance du 2 avril 1817) et sur l'acceptation de ceux n'excédant pas 1,000 francs, lorsqu'ils ne donnent lieu à aucune réclamation et ne sont grevés d'autres charges que l'acquit de fondations pieuses et de dispositions au profit des communes, des hospices, des pauvres ou des bureaux de bienfaisance. (Art. 1. Décret du 15 février 1862).

Le Conseil presbytéral a connaissance de la disposition faite en sa faveur par l'avis que le notaire est tenu de lui en donner, lors de l'ouverture du testament ou au moment où est passé l'acte contenant donation entre-vifs. (Art. 58. Décret du 30 décembre 1809. — Art. 5, ordonnance du 2 avril 1817).

Le Conseil presbytéral et le Consistoire ont pour devoir de procéder aux actes conservatoires indispensables (Art. 5. Ordonnance du 2 avril 1817); le trésorier du conseil presbytéral pourra, par exemple, requérir la levée des scellés, assister aux inventaires, intervenir dans une instance engagée relativement à l'exécution du legs, opérer une saisie-arrêt pour s'opposer au détournement des objets composant la succession, il sollicitera immédiatement l'autorisation d'accepter; à cet effet il réunira le dossier exigé par la circulaire du Ministre des cultes, du 29 janvier 1831, complétée par celle du 10 avril 1862.

Les pièces à fournir sont, s'il s'agit d'un legs:

1° L'extrait en bonne forme, du testament;

2° L'acte de décès du testateur;

3° L'évaluation de l'objet légué, à moins qu'il ne s'agisse d'un legs en argent;

4° La délibération du Conseil presbytéral portant acceptation provisoire du legs;

5° L'état certifié par le président du Consistoire, de l'actif et du passif, avec l'indication des revenus et des charges de l'établissement légataire; dans le cas où il n'existe pas d'opposition, l'acte contenant le consentement des héritiers à la délivrance du legs.

Les héritiers doivent, lorsqu'ils sont connus, être appelés

par acte extra-judiciaire pour prendre connaissance du testament. Ils donnent leur consentement à l'exécution de la libéralité ou produisent leurs moyens d'opposition. Lorsque les héritiers ne sont pas connus, l'extrait du testament est affiché de huitaine en huitaine, et à trois reprises consécutives, au chef-lieu de la mairie du domicile du testateur, et inséré dans le journal judiciaire du département, avec invitation aux héritiers d'adresser au Préfet, dans le même délai, les réclamations qu'ils ont à faire valoir. L'ordonnance du 14 janvier 1831 (art. 3), est venue sur ce point combler une lacune regrettable ; avant cette époque, l'autorisation d'accepter pouvait être donnée à l'établissement religieux sans que les héritiers du testateur connussent la disposition qui les dépossédait.

S'il s'agit d'une donation, à l'acte de décès du testateur, on substitue un certificat de vie.

Le dossier est transmis par le Consistoire, soit au Préfet, soit au Ministre des cultes, par l'intermédiaire du Préfet, qui provoque une délibération du conseil municipal, appelé toujours à donner son avis (Art. 70 § 5, loi du 5 avril 1884). « Si, régulièrement convoqué et requis, le conseil municipal refuse de se prononcer, la mesure sur laquelle il devait être consulté peut être prise valablement » (Circulaire du Ministre de l'intérieur sur la loi municipale, 15 mai 1884, art. 70.)

Quand le legs est soumis à l'autorisation par décret, le dossier est transmis à la section du Conseil d'État (Intérieur et Cultes). Les héritiers ou l'établissement légataire peuvent adresser à la Section des observations écrites ou se faire représenter par un avocat au Conseil d'État. Il est même très avantageux de choisir cette marche, l'avocat constitué pouvant prendre communication de toutes les pièces et étant tenu au courant de toutes les phases de la procédure. Il appartient à la Section de statuer définitivement, s'il n'y a pas réclamation de la part des tiers et si le legs ne dépasse pas 50,000 francs ; dans les autres cas, l'affaire est portée à l'assemblée générale (Art. 5, décret du 21 août 1872).

L'avis donné par la Section ou par l'assemblée générale du Conseil d'État ne lie pas le gouvernement, mais, en fait, presque toujours le décret est entièrement conforme aux décisions du Conseil d'État.

L'arrêté du Préfet ou le décret peut adopter trois solutions différentes : 1° autoriser la libéralité dans les termes mêmes où elle est faite ; 2° la réduire ; 3° la rejeter complètement.

Examinons successivement chacune de ces hypothèses.

1° AUTORISATION DE LA LIBÉRALITÉ.

Si la disposition est faite dans les formes déterminées par le droit civil, si elle ne contient pas de clauses contraires aux lois, si elle n'est pas en disproportion avec la fortune du défunt ou des héritiers de celui-ci ; si enfin, elle ne stipule aucune charge préjudiciable au conseil presbytéral bénéficiaire, il est du devoir du gouvernement d'accorder l'autorisation. Mais il est à remarquer que cette autorisation n'est autre chose que l'exercice du droit de tutelle du gouvernement à l'égard des établissements ecclésiastiques, et laisse intact le droit des héritiers et des tiers, qui peuvent s'adresser aux tribunaux de l'ordre judiciaire pour attaquer cette libéralité, par les moyens de droit commun, et faire déclarer le legs caduc, s'ils estiment que les conditions sous lesquelles le conseil presbytéral a été autorisé à l'accepter ne sont pas conformes à la volonté du testateur (Art. 7. ordon. du 2 avril 1817.—Grenoble, 5 juillet 1869.— Sirey 70, 2, 13).

Une fois le décret d'autorisation intervenu, le conseil presbytéral ou le consistoire accepte définitivement la libéralité (art. 3. ordon. du 2 avril 1817). La demande en délivrance du legs ne pourrait être formée par l'établissement gratifié, avant l'obtention du décret d'autorisation. La disposition de l'art. 113 de la loi du 5 avril 1884, qui autorise le maire à former, avant l'autorisation, la demande en délivrance du legs fait à la commune (1) ; et attribue à l'accep-

---

(1) Voir pour les hospices. Loi du 7 août 1851, art. 11.

tation un effet rétroactif, est spéciale à l'organisation muni_
cipale, et ne peut être étendue par analogie aux conseils
presbytéraux (Paris, 27 janvier 1851, Sirey 51, 2, 72. —
Cassat. 22 mars 1852, Sirey 52, 1, 397.)

Comme conséquence, la donation entre vifs n'aura d'effet
que si elle est acceptée *avec autorisation*, du vivant du donateur (art. 932 Code civil); pour un legs particulier, les fruits et
intérêts ne commenceront à courir au profit du consistoire ou
du conseil presbytéral qu'à dater du jour de la demande en
délivrance formée avec autorisation (art. 1015 Code civil).

Les droits d'enregistrement perçus par application de
l'article 6 de la loi du 18 mai 1850, ne sont dûs qu'à partir
du moment où l'autorisation par décret ou par arrêté pré-
fectoral est intervenue; et s'il s'agit d'un don manuel, la
preuve de son existence résulte pour l'admininistration de
l'enregistrement de la délibération du conseil presbytéral,
suivie de l'acceptation de la libéralité revêtue de l'approba-
tion de l'autorité compétente. (1)

Le décret d'autorisation détermine l'emploi des sommes
léguées, prescrit la vente ou la conservation des effets mo-
biliers; aussi, lorsque le conseil presbytéral désire en consa-
crer le montant à une destination spéciale, il doit avoir grand
soin d'exprimer ses désirs dans la délibération transmise au
gouvernement pour que celui-ci connaisse ses vœux et en
tienne compte (art. 4, ordonnance du 2 avril 1817).

2° RÉDUCTION.

Lorsque la libéralité semble excessive, elle est réduite
par le gouvernement, et la somme ou la quotité dont on
prive l'établissement gratifié retourne à la masse de la succession; elle est partagée entre tous les héritiers conformément aux règles du droit commun. Le décret ne pourrait
attribuer la portion du legs qu'il enlève à l'établissement, à
l'un des héritiers au détriment des autres; il peut en résul-

---

(1) Dalloz. Rep⁰ alpt. T. xxii. V. Enregistrement n°ˢ 3703 à 3707.
Cassation 19 mai 1874, Sirey 71-1-390.

ter, ainsi que le fait remarquer très judicieusement M. Vuil-
lefroy, (1) que la réduction opérée dans l'intérêt d'un
héritier pauvre, profite en même temps à un héritier riche;
mais cet inconvénient est moins grand « que si l'on privait
des gens notoirement malheureux, de sommes dont la
grande importance pour eux ne saurait être méconnue. »

3° REFUS D'AUTORISATION.

Si le gouvernement juge que l'intérêt général s'oppose à
l'exécution de la libéralité, ou s'il estime que le testateur n'a
pas tenu compte des règles qui ont présidé à l'organisation
du conseil presbytéral et lui a imposé des conditions en
dehors de ses attributions, il refuse son autorisation et
les sommes léguées viennent grossir la masse de la succession. Le gouvernement peut encore refuser l'autorisation
sur la demande même de l'établissement gratifié.

Rentre-t-il dans les attributions du consistoire de recevoir un legs pour en distribuer le montant aux pauvres ou
pour fonder une école? Cette question est depuis longtemps
controversée, elle a donné lieu aux solutions les plus con-
tradictoires, et aujourd'hui elle est tranchée par la jurisprudence du Conseil d'État, dans un sens qui porte un grave
préjudice aux établissements religieux, puisque d'après les
avis du 13 avril 1881, les conseils presbytéraux ne peuvent
être autorisés à accepter des dons et legs pour le service des
pauvres ou à charge de fonder ou d'entretenir des écoles et
qu'ils ne peuvent même pas intervenir dans la distribution
des dons, après que le bureau de bienfaisance a été envoyé
en possession. Il est curieux et instructif de parcourir les
solutions qui, sous les divers régimes, ont été adoptées par
l'administration et de rechercher ensuite si la doctrine
actuelle est bien conforme au texte et à l'esprit de la loi.

Pendant toute la période du premier Empire il n'existe
pas de règle fixe : tantôt le conseil presbytéral est auto-

---

(1) Administration du culte catholique, Verbo Dons et legs § XX
Note B.

risé à accepter le legs, tantôt la demande en autorisation est refusée. Il est à croire que le gouvernement se déterminait alors suivant la position des héritiers dépossédés. Le Conseil d'État n'avait pas encore émis d'avis de principe ; on ne peut considérer comme ayant tranché cette question, l'avis du 6 juillet 1813 : il a trait à une règle de procédure et décide que le ministre de l'intérieur, en vertu de ses pouvoirs sur la *comptabilité des établissements de charité*, est compétent pour proposer à l'empereur l'acceptation d'un legs ayant pour objet le secours des pauvres, alors même que la distribution des secours est confiée à un curé ou à un autre ecclésiastique. En un mot, on ne trouve pas à cette époque d'avis *de principe*, mais des solutions d'*espèce*.

Sous la Restauration, un avis du 20 décembre 1820 estime que le bureau de bienfaisance peut seul être autorisé à accepter le legs fait aux pauvres, mais il ajoute que, dans les ordonnances d'acceptation, on doit prendre « *toutes les précautions nécessaires à l'accomplissement de la volonté du testateur.* » Un autre avis du 15 janvier 1837 reconnaît à nouveau que les bureaux de bienfaisance ou les maires peuvent seuls être envoyés en possession des objets donnés aux pauvres, mais il affirme aussi le droit de l'établissement ecclésiastique à surveiller la distribution « *cette mise en possession n'empêche pas de faire intervenir dans la distribution des secours, le consistoire, si telle est l'intention du donateur.* »

Les établissements ecclésiastiques n'étaient pas suffisamment protégés : on méconnaissait à leur détriment le véritable sens de la loi de germinal ; aussi ils ne se regardèrent pas comme battus et obtinrent, à la date du 4 mars 1841, un avis qui consacre ce que l'on a appelé *l'acceptation conjointe*. Le conseil d'État persiste dans cette idée inexacte que la fabrique, le consistoire, ont été créés dans le seul but « d'administrer les frais du culte, » mais il a un respect plus grand de la volonté du testateur, et pour concilier les deux éléments, il autorise simultanément et le consistoire en sa qualité d'établissement institué et le bureau de bien-

faisance, comme *représentant légal* des pauvres. Un tel système n'a pas de base juridique sérieuse. Si le consistoire
n'est pas capable de recevoir le legs, l'autorisation qui lui
est accordée n'est pas légale ; s'il possède cette capacité,
pourquoi l'intervention du bureau de bienfaisance?

Développant la théorie qui se trouvait en germe dans
l'avis de 1841, le gouvernement donna la gestion des biens
légués au consistoire et permit l'immatriculation de la rente
à son nom (avis du 30 décembre 1846), puis il confia la garde
du titre à l'établissement capable en prescrivant l'*immatriculation conjointe* (avis du 24 janvier 1863) enfin une copie
du titre est accordée à l'établissement institué (avis du
27 décembre 1867).

Lorsque M. Jules Simon arriva au ministère des cultes,
il tint à honneur de faire trancher cette ancienne controverse.
Le conseil d'État, interprétant les lois dans leur véritable
sens adopta une théorie qui, tout en accordant aux établissements religieux des droits dont on avait cru pouvoir les
dépouiller, sauvegardait pourtant, dans une mesure très
large, le contrôle du gouvernement et la surveillance de
l'autorité municipale. Il formula sa nouvelle doctrine, en
ces termes, dans l'avis du 8 mars 1873 : .

AVIS DU CONSEIL D'ÉTAT DU 8 MARS 1873.

« Considérant que la jurisprudence actuelle du conseil
d'État est fondée sur la pensée, d'une part, que les libéralités destinées à secourir les pauvres ne peuvent pas être
acceptées et exécutées sans l'intervention du bureau de bienfaisance ou du maire de la commune; d'autre part, que le
soin de recueillir de telles libéralités n'entre pas dans les
attributions légales des fabriques ;

» Considérant que ces principes ne sont écrits dans
aucune disposition de loi ou de règlement;

Sur le premier point :

» Considérant, d'une part, que la loi du 7 frimaire an v,
qui a créé les bureaux de bienfaisance pour recouvrer le

droit des pauvres qu'elle établissait temporairement à l'entrée des théâtres, a seulement ajouté à cette mission le soin de diriger les travaux de charité ordonnés par l'autorité municipale, de recevoir les dons qui leur seraient offerts et de répartir les secours à domicile ;

» Que l'article 937 du Code civil et l'ordonnance royale du 2 avril 1817 n'appellent également les bureaux de bienfaisance à accepter que les dons qui leur sont adressés ;

» Qu'à la vérité la loi du 20 ventôse an v, qui leur rendit applicable la loi du 16 vendémiaire précédent, l'arrêté du 27 prairial an ix et les décrets des 12 juillet 1807 et 14 juillet 1812, ont réparti entre eux et les hospices les biens non aliénés des anciens établissements de bienfaisance qui secouraient les pauvres et les malades ; mais qu'aucune de ces dis positions n'a prescrit qu'à l'avenir les bureaux de bienfaisance pourraient seuls, et à l'exclusion de tout autre établissement, recueillir des libéralités destinées au soulagement des pauvres ;

» Considérant d'autre part, que si l'article 937 du Code civil et l'ordonnance du 2 avril 1817 attribuent aux maires la mission d'accepter les dons et les legs faits aux pauvres d'une commune, ces dispositions ont pour objet de donner aux pauvres un représentant légal pouvant accepter et administrer les libéralités qui leur sont adressées sans autre détermination ; mais qu'elles ne s'opposent nullement à ce qu'un autre établissement légalement reconnu puisse être autorisé à recueillir, si elles lui sont adressées directement, et à employer seul, si elles se rattachent à sa mission, des libéralités ayant une destination charitable.

Sur le second point :

» Considérant qu'il ne peut être contesté que sous l'ancien régime les fabriques n'eussent les aumônes dans leurs attributions ;

» Que depuis l'an x, par une suite naturelle des anciennes traditions, l'usage s'est maintenu de quêter dans les églises pour les pauvres de la paroisse, et qu'un grand nombre de libéralités entre-vifs et testamentaires sont journellement adressées aux fabriques avec une destination charitable, pour être distribuées par le curé ou le desservant ;

» Que pour démentir un état de choses fondé sur les considérations morales les plus élevées, et confirmé si unanimement par les mœurs publiques, il faudrait un texte qui interdît aux fabriques de recueillir des offrandes pour les pauvres ;

» Considérant que non seulement une telle disposition n'existe dans aucune loi ni dans aucun règlement, mais qu'au contraire l'article 76 de la loi du 18 germinal an x et l'article 1er du décret du 30 décembre 1809 attribuent expressément aux fabriques *l'administration des aumônes* ;

» Que le mot *aumônes*, employé par le législateur avec son sens véritable et traditionnel, ne comprend pas seulement les offrandes qui sont destinées à pourvoir aux frais du culte, mais aussi celles qui sont destinées aux pauvres ; que l'interprétation donnée par Portalis à la loi qu'il avait rédigée ne peut laisser à cet égard aucun doute (1) ;

» Qu'il résulte de ce qui précède qu'aucune loi ne s'oppose à ce que les fabriques puissent recueillir seules des libéralités ayant une destination charitable ;

» Considérant qu'il y a lieu de rechercher, dans chaque espèce, quelle a été l'intention du testateur et d'apprécier quelles sont les mesures à prescrire pour en mieux assurer la fidèle exécution ;

» Que la fabrique peut être autorisée à accepter seule et sans l'intervention du maire ou du bureau de bienfaisance des sommes destinées à être distribuées aux pauvres par les soins des membres de la fabrique ou du curé ;

» Que, s'il s'agit d'une fondation destinée à demeurer perpétuelle et dont les revenus seuls devront être distribués, il convient, tout en autorisant la fabrique légataire à accepter le legs qui s'adresse à elle, à faire immatriculer le titre en son nom et à en conserver la garde, d'autoriser le maire à

____

(1). Portalis, rapport du 16 avril 1806.

accepter le *bénéfice qui résulte du legs en faveur des pauvres de la commune*, et d'ordonner qu'un duplicata du titre lui sera délivré ; que cette mesure, sans lui donner le droit d'exercer un contrôle sur l'emploi que la fabrique et le curé feront des revenus mis à leur disposition, lui permettra de s'assurer dans l'avenir que le capital de la fondation est conservé, et que le revenu est toujours inscrit avec sa destination au budget annuel de la fabrique ;

» Considérant que les solutions qui viennent d'être indiquées doivent s'appliquer également aux consistoires des cultes protestants et aux conseils presbytéraux qui, aux termes de l'article 20 de la loi du 18 germinal an x, sont chargés de « veiller au maintien de la discipline et à l'administration des deniers provenant des aumônes, » et aux consistoires israélites à qui l'ordonnance royale du 25 mai 1844 confère l'administration et la surveillance des établissements de charité spécialement destinés aux israélites.

Est d'avis :

» 1º Sur la question de principe, qu'il convient d'adopter pour règle, à l'avenir, les observations qui précèdent ;

» 2º Qu'il y a lieu d'autoriser les fabriques à accepter le legs et à en placer le produit en rentes sur l'État immatriculées en leur nom, avec mention sur les inscriptions, de la destination des arrérages :

» 3º Qu'il y a lieu d'autoriser le maire de chaque commune à accepter le bénéfice qui résulte pour les pauvres, de ces deux fondations, et de prescrire qu'un duplicata de l'inscription de rente lui sera délivré (1). »

Ainsi, d'après cette jurisprudence, lorsque le legs consiste en une somme à distribuer aux pauvres, le Conseil presbytéral est autorisé à accepter seul la libéralité ; l'intervention de l'administration de la commune ou du bureau de bienfaisance n'est pas exigée.

---

(1). **Consultez Ducrocq.— Droit administratif T. II Nº 1,200 page 542.**

Mais, s'il s'agit d'une fondation, c'est-à-dire d'un capital à conserver, et dont les revenus seuls seront distribués, le maire doit être, conjointement avec l'établissement institué, autorisé à accepter. On lui délivre un duplicata du titre de rente immatriculé au nom du conseil presbytéral (1).

On peut se demander s'il n'eût pas été préférable de maintenir ces principes vraiment libéraux? Le gouvernement n'en a pas jugé ainsi, puisque le Conseil d'Etat, par son avis du 13 avril 1881, déclare les conseils presbytéraux incapables de recevoir tout legs destiné aux pauvres et ne les autorise même plus à intervenir dans la distribution des sommes léguées (avis du 7 juillet 1882.) Cet avis du 13 avril 1881 sert maintenant de base à tous les décrets du Président de la République, nous en repropuisons les termes pour en discuter ensuite la valeur :

AVIS DU CONSEIL D'ÉTAT DU 13 AVRIL 1882.

« Le Conseil d'Etat,

» Considérant que les établissements publics ne sont aptes à recevoir et à posséder que dans l'intérêt des services qui leur ont été spécialement confiés par les lois, et dans les limites des attributions qui en dérivent;

» Considérant que les fabriques et les conseils presbytéraux n'ont pas été institués pour le soulagement des pauvres et pour l'administration des biens qui leur sont destinés:

» Que la loi du 18 germinal an X n'a eu pour but que de pourvoir à l'administration des paroisses et du service du culte, que si l'art. 76 relatif au culte catholique, et l'art. 20 relatif au culte protestant parlent de l'administration des aumônes ou de l'administration des deniers provenant des aumônes, ils se réfèrent uniquement aux offrandes et aux dons volontaires faits par les fidèles pour les besoins du culte;

---

(1) Circulaire du ministre de l'intérieur du 25 avril 1813.

» Que le décret du 30 décembre 1809, en chargeant les fabriques d'administrer les aumônes, n'a pas entendu donner au mot aumône un sens différent de celui qu'il avait dans la loi de germinal an X, qu'en effet après avoir énuméré les différents biens dont il confie l'administration aux fabriques, l'art. 1er détermine nettement la destination de ces biens par ces mots : et généralement tous les fonds affectés à l'exercice du culte.

» Est d'avis que : Ni les conseils presbytéraux, ni les fabriques n'ont capacité pour recevoir des biens dans l'intérêt des pauvres (1). »

D'après le Conseil d'Etat, la capacité des personnes morales est limitée par l'objet en vue duquel elles ont été créées, elles n'ont pas comme les individus le pouvoir légal de faire tout ce qui ne leur est pas expressément interdit. C'est, nous le concédons, une théorie généralement reçue, et les auteurs les plus considérables (2) reconnaissent que si l'homme a une capacité générale, la personne *morale* n'a pas d'existence légale en dehors de sa destination spéciale, en dehors de la mission qui lui est limitativement fixée par les réglements de son institution. Nous pourrions cependant citer en sens contraire, l'opinion d'un éminent professeur M. Lyon Caen (3) qui, dans une remarquable dissertation, a cherché à démontrer que les personnes civiles ont la même capacité que les personnes physiques : mais nous n'insisterons pas sur ce point, et même, en reconnaissant la capacité restreinte des établissements ecclésiastiques, nous espérons démontrer qu'il entre dans leurs attributions de soulager les pauvres et par conséquent de recevoir les *aumônes* qui seules peuvent leur permettre d'atteindre ce but.

D'après l'ancienne discipline des églises réformées, les

______

(1) Voyez Sirey. Lois annotées, année 1882, page 357 et les notes.

(2) Laurent. — Droit civil, T I. No 287 à 296. — Fusier Herman. — Code civil, annoté art. 7, No 50. — Camberlin, — Journal *La Loi*, No du 8 mai 1881.

(3) Lyon Caen. — Dissertation sur les sociétés étrangères, No 7, journal *La Loi* du 27 avril 1881.

consistoires se composaient des ministres, des anciens et
des diacres et ces derniers étaient spécialement chargés
d'administrer les deniers des pauvres. « Les deniers
» des pauvres ne seront administrés par autres que par les
» diacres, selon l'avis et le réglement du consistoire »,
(art. 1, chap. V), et les dispositions qui suivent réglent
la manière dont les comptes seront rendus et les dis-
tributions faites. Il en était de même dans l'Eglise de la
confession d'Augsbourg ; l'ordonnance ecclésiastique de
1560 applicable aux comté, terre et seigneurie de Montbéliard
et de Riquewihr, réglemente l'établissement d'un trésor dans
les villes et les villages, pour secourir les pauvres et les malades ; ce trésor se composait des aumônes recueillies dans
les temples et de tous les dons des fidèles (1). Ainsi sans
conteste, avant la loi de germinal, les consistoires avaient
la mission spéciale de subvenir aux besoins des pauvres et
d'administrer les fondations charitables. Le législateur de
l'an X connaissait fort bien cette situation, et s'il avait voulu
enlever aux établissements protestants cette attribution, il
eût, dans une disposition spéciale, formulé l'interdiction
pour eux de recevoir toute libéralité en faveur des pauvres. Mais loin de défendre aux fidèles de gratifier un consistoire au profit des indigents, par les articles 5 et 20 il a
formellement maintenu l'ancienne discipline dans les dispositions qui n'étaient pas contraires à la loi du 8 germinal an
X. Loin de proscrire de telles fondations, l'art. 20, *in fine*,
appelle les consistoires à veiller à l'administration des deniers provenant des aumônes. Et qu'on ne vienne pas jouer

---

(1) L'ordonnance ecclésiastique de 1560 contient une réglementation
complète du *trésor commun des pauvres*; la partie de l'ordonnance qui a
trait à ce sujet se subdivise en trois chapitres, le premier énumère avec
soin les revenus du trésor et indique les dons et legs comme une des
sources les plus importantes: « Qu'on advertisse soigneusement les juges
» et les notaires des villes, devant lesquels on faict des testaments, que les
» ministres et diacres aussi admonestent les malades qui n'ont ni parents
» ni héritiers, pourvu qu'ils donnent et laissent quelque chose au thrésor
» des pauvres. » (*Ordonnance ecclésiastique des comté, terres et seigneu-
ries de Montbéliard et Richeville, imprimée à Basle*, 1668, page 234.)

sur le sens du mot *aumône*, prétendre que, par cette expression, la loi a entendu désigner « les offrandes, les dons volontaires faits par les fidèles pour les besoins du culte », jamais dans notre langue française si nette, si claire, si précise, le mot aumône n'a eu ce sens. Ouvrez un dictionnaire quelconque et il vous dira que l'aumône « c'est ce qu'on donne aux pauvres par charité. » Du reste, si le mot aumône avait la signification que désire lui donner le Conseil d'Etat, pourquoi l'art. 20 (loi du 18 germinal an X) distinguerait-il avec soin, les biens des églises, des biens provenant des aumônes, comme il l'a fait en disant que les Consistoires veilleraient à « l'administration des biens de l'église et à celle des deniers provenant des aumônes. » On ne peut pas avec ce texte se servir habilement d'une *virgule*, comme on a essayé de le faire quand on s'est trouvé en présence de l'art. 1 du décret du 30 décembre 1809. Nous n'exagérons pas, voici textuellement l'argument développé par M. Bequet. « Si on lit avec soin cet article, si l'on fait attention que les aumônes, les biens, rentes et fonds ne sont séparés que par des *virgules*, — et dans un débat où toute la controverse repose sur le sens d'un mot, on doit faire grande attention aux simples virgules, — il est manifeste, par la formule générale employée, que les aumônes sont confondues avec les biens, rentes et perceptions, et font partie des fonds affectés à l'*exercice du culte* (1). »

Nos adversaires qui prêtent une telle importance à un petit signe de ponctuation n'ont aucun égard à la définition donnée au mot *aumône* par un des rédacteurs du Concordat, par Portalis. L'empereur avait soumis au Conseil d'Etat un projet autorisant les bureaux de bienfaisance à faire des quêtes dans les églises ; ce projet était précédé d'un considérant qui semblait conférer aux bureaux de bienfaisance le monopole des quêtes et centraliser entre leurs mains les biens des pauvres, Portalis s'émut de ces dispositions et

---

(1) Léon Bequet: De la capacité des établissements ecclésiastiques, page 29.

adressa à la date du 16 avril 1806 un rapport à l'empereur, dans lequel il explique la portéé des dispositions concordataires relativement aux aumônes.

« Comment serait-il possible de penser que les fabriques sont exclues du droit d'administrer les aumônes qu'elles reçoivent? Dans ce système, il faudrait aller jusqu'à dire qu'il leur est interdit d'en recevoir, c'est-à-dire, il faudrait détruire la liberté naturelle qu'ont les hommes qui consacrent une partie de leur fortune à des aumônes, de choisir les agents de leur bienfaisance et de leur libéralité. La loi a prévu elle-même que les fabriques auront des aumônes à administrer, puisque par l'art. 76 de la loi du 18 germinal, elles sont expressément chargées de cette administration.

» On voudrait donner à entendre que le mot *aumône* ne s'applique qu'à ce qui est donné pour les frais du culte.

» Mais, 1º Jamais le mot *aumône* n'a été appliqué à de pareils dons. Il faudrait renoncer à toutes les notions de droit canonique pour confondre des objets qui ne se ressemblent pas et qui ont toujours été exprimés par des mots différents;

» 2º On lit dans l'art. 76 qu'il sera établi des fabriques pour veiller à l'entretien et à la conservation des temples — à l'*administration des aumônes*. Il est évident que le législateur a très bien distingué le soin de l'entretien et de la conservation des temples d'avec l'*administration des aumônes*. Ce sont là deux choses que l'on ne saurait identifier quand la loi les sépare.

» J'en atteste l'histoire de tous les temps, les fabriques ont toujours été en possession du droit de recevoir des aumônes et de les administrer; — la religion a été la première amie des pauvres, et il est impossible de méconnaître tout ce que l'humanité lui doit (1). »

Ces paroles pleines de sens et d'élévation furent écoutées, le projet de décret fut retiré et *il ne fut plus question*

---

(1) Portalis. — Discours, rapports et travaux inédits sur le concordat de 1801, page 424.

de monopoliser la charité (1). En présence de ce document, la discussion ne peut plus porter sur le sens que le concordat a voulu donner au mot *aumône*, la lumière semble pleinement faite. Pourtant M. Bequet (2), se plaçant au point de vue de la quotité de la somme donnée, soutient que l'*aumône* ne comprend que les *menus secours* accordés aux pauvres par charité. C'est là encore une distinction purement arbitraire, puisqu'aucun texte ne nous indique si pour séparer l'*aumône* du *don*, il faut avoir égard à la fortune de celui qui gratifie, ou aux ressources de l'établissement bénéficiaire, puisque la jurisprudence de la cour suprême soumet à l'autorisation les dons manuels, aussi bien que les legs ou les donations faites dans les formes légales.

Que reste-t-il aux partisans du monopole des bureaux de bienfaisance — des considérations générales ; les établissements religieux, disent-ils, sont très absorbants, ils ont un esprit envahisseur, il ne faut pas leur permettre d'accumuler des richesses trop considérables, et de former pour ainsi dire un *état dans l'état*. La même observation s'applique aussi bien aux établissements laïques de charité : ne peut-on pas les accuser aussi de vouloir tout absorber ? Les bureaux de bienfaisance, ainsi que le fait remarquer avec beaucoup de fines se M. Fosse, ne sont ni héritiers légitimes, ni successeurs testamentaires, et pourtant d'après la jurisprudence nouvelle ils recueillent le legs (3).

Ajoutons que le Conseil d'Etat ne tient aucun compte des arrêtés ministériels des 10 novembre 1852 (art. 3) et 20 mai 1853 (art. 1er) qui chargent les conseils presbytéraux (4)

---

(1) De Baulny, ancien maître des requêtes au Conseil d'Etat. — Des projets de désorganisation des fabriques, page 69.

(2) Bequet. De la personnalité civile des diocèses, page 36.

(3) Daniel Fosse. — Des donations grevées de charges charitables, page 15.

(4) La circulaire ministérielle du 20 mai 1853 explique formellement qu'il n'a pas été statué dans l'arrêté du 21 mai sur la nomination des employés et sur le choix des personnes préposées plus spécialement au soin des pauvres, dans la crainte seule de compliquer les termes très simples du règlement, mais que l'attribution de recevoir les aumônes, conséquence naturelle des principes posés par le décret-loi, leur restent.

d'administrer les deniers provenant des *aumônes*, de l'art. 9 du décret du 14 septembre 1859 concernant les Églises d'Algérie, et de l'art. 10 de la loi du 1ᵉʳ août 1879 renouvelant ces dispositions pour l'Eglise de la Confession d'Augsbourg.

Il est enfin un texte fondamental en la matière, texte que le dernier avis du Conseil d'Etat n'a pas visé et qui pourtant tranche, ce me semble, la controverse : je veux parler du décret du 15 février 1862. L'article premier accorde aux Préfets le droit d'autoriser les legs faits aux fabriques, lorsque la libéralité n'excède pas 1.000 francs, ne donne lieu à aucune réclamation et n'est grevée d'autres charges que l'*acquit de dispositions au profit des pauvres*, etc. » Le décret suppose un legs s'adressant à la fabrique, à la charge par elle de le distribuer pour le tout ou pour partie aux pauvres, il autorise donc et rend valable une semblable disposition.

En ce qui concerne les libéralités destinées à l'entretien et à la création d'écoles, la jurisprudence administrative a subi les mêmes variations que pour les legs destinés aux pauvres (consultez les avis des 12 avril 1837, 10 juin 1863 et 22 novembre 1866). L'avis du 24 juillet 1873 conseillait au gouvernement de les autoriser, mais aujourd'hui le Conseil d'Etat refuse cette autorisation (avis du Conseil d'Etat du 13 avril 1881.) Peut-être est-il, jusqu'à un certain point, possible de soutenir cette théorie en ce qui concerne les fabriques catholiques ; mais pour les cultes protestants, la loi de germinal, en donnant aux consistoires la mission de veiller au maintien de la discipline, leur a aussi concédé le pouvoir de faire tous les actes autorisés par cette ancienne charte. M. Bequet, cet ardent défenseur du monopole de la bienfaisance laïque, le reconnaît lui-même « la discipline des
» églises réformées, dit-il, impose aux consistoires d'en-
» tretenir des écoles, le chapitre II est tout entier consacré
» à réglementer cette obligation. La loi de germinal, en dé-
» cidant que les consistoires veilleraient au maintien de la
» discipline, a donc *implicitement*, mais formellement admis
» que ces établissements publics devraient chacun dresser
» au moins une de ces écoles où la paroisse doit être ins-

» truite » (1), et pourtant malgré cette reconnaissance formelle et contrairement à la jurisprudence de la Cour de cassation, (arrêt cassation 18 mai 1852. Dalloz 52 — 1 — 137), le gouvernement actuel n'autorise plus les conseils presbytéraux à recevoir des libéralités pour créer une école.

Le décrets, les arrêtés des préfets refusent depuis 1881 aux conseils presbytéraux l'autorisation d'accepter les libéralités destinées soit à la fondation d'écoles, soit au soulagement des pauvres ; souvent ils vont plus loin et ils transportent cette autorisation au bureau de bienfaisance, *représentant exclusif* des pauvres, d'après la théorie nouvelle. Quelle est, se demande le gouvernement, l'intention dominante du testateur ? *Gratifier les pauvres ?* Le défunt, il est vrai, a ajouté une condition à son legs, condition consistant à confier aux établissements ecclésiastiques le soin de gérer ce qui fait l'objet de cette libéralité et de désigner quels sont les pauvres à secourir; mais cette condition est contraire à la loi et comme il s'agit d'un acte à titre gratuit, elle doit être déclarée non écrite (art. 900 code civil). Le testament s'exécutera sans tenir aucun compte de cette volonté pourtant formellement exprimée par le défunt, et une partie de la fortune du donateur tombera entre les mains des représentants laïques désignés par le pouvoir, alors qu'il aurait voulu qu'une pensée religieuse présidât à la distribution de sa libéralité.

Il est possible d'obvier jusqu'à un certain point aux conséquences d'une semblable théorie : l'autorisation du gouvernement n'a aucune influence sur la validité de la disposition qui peut être contestée judiciairement; les héritiers ont le droit de s'opposer à la délivrance du legs au bureau de bienfaisance en intentant une action devant les tribunaux ordinaires. Ils soutiendront que le décret d'autorisation a méconnu la volonté du testateur, le tribunal recherchera quelle a été cette volonté ; s'il estime d'un côté que le disposant a voulu subordonner l'existence de la libéralité

---

(1) Léon Bequet. — De la personnalité civile des diocèses, page 78.

à la distribution par le Consistoire, s'il pense en outre que la clause qui exclut le bureau de bienfaisance de l'administration des biens légués, n'est pas contraire aux lois, il déclarera le legs caduc ; les objets légués feront retour à la succession et seront distribués entre les héritiers en proportion de leurs droits. (Grenoble, 5 juillet 1869. Sirey 70, 2, 13 ; — Angers 23 mars 1871, Sirey 71, 2. 3. — Aix, 14 juillet 1873. Dalloz 76, 5, 162. — Dunkerque, 28 mars 1878, Sirey 79, 2, 337.) — Et même tout en estimant que la clause du testament est contraire à la loi, si le tribunal reconnaît que la condition sous laquelle le testateur a institué l'établissement religieux a été *la cause* déterminante de la disposition, il doit, par voie de conséquence et conformément à l'article 1131 du code civil, décider que l'obligation à la délivrance du legs manque d'une *cause licite* et reste sans effet. (Cassation, 17 juillet 1883.) (1)

La Cour de cassation a considéré comme valable la disposition par laquelle le testateur, après avoir fait un legs au profit d'un établissement public, a déclaré que ce legs serait sans effet pour le tout dans le cas où, par une clause quelconque, le gouvernement n'en autoriserait l'acceptation que pour partie ou ne se conformerait pas strictement à sa volonté; elle estime dans ce cas, que la volonté du testateur est indivisible et qu'il a le droit de vouloir n'être libéral que d'une certaine manière (2). (Cassation, 25 mars 1863, Sirey 63, 1, 169. — Amiens 24 juillet 1863, S. 63, 2, 131).

Mais sur ce point la jurisprudence des cours et tribunaux n'est pas encore fixée : tandis que certaines Cours ne veulent pas s'incliner devant l'interprétation donnée à la loi de germinal par le conseil d'État, d'autres jugent que la disposition du testament qui exclut le bureau de bienfaisance de l'administration des biens légués est contraire à la loi et par conséquent *non écrite*. On peut citer en ce sens un arrêt de Dijon, 14 mai 1879, Dalloz, 80, 2, 11.

---

(1) Journal *Le Droit*, 3 août 1883.
(2) *Sic* Aubry et Rau. Droit civil, T. VII, § 692. Note 41.

Quoi qu'il en soit, la question n'est pas définitivemen
résolue et nous avons le ferme espoir que si elle était sou-
mise à la Cour suprême, celle-ci persisterait dans sa jurisprudence de 1863, surtout depuis que les derniers avis du
conseil d'État vont jusqu'à enlever aux conseils presbytéraux la surveillance de la distribution des secours. Pour évi-
ter tous ces procès, ne vaudrait-il pas mieux trancher légis-
lativement cette controverse? Que nos Chambres prennent
donc une solution définitive, qu'elles se déclarent nettement
hostiles à nos établissements religieux en leur interdisant de
recevoir toutes les libéralités qui ne sont pas destinées aux
frais du culte, ou que revenant à un système vraiment libéral, conforme à l'organisation séculaire du protestantisme,
elles laissent à la religion le droit de secourir les malheureux!

Châteauroux, Imp. A. Aupetit.

REVUE

DE DROIT, DE JURISPRUDENCE

ET DE STATISTIQUE

A L'USAGE

DES ÉGLISES PROTESTANTES

DE FRANCE ET D'ALGÉRIE

COMITÉ DE RÉDACTION:

MM. **C. Bazille**, Docteur en Droit, Avocat au Conseil d'État et à la Cour de Cassation, Conseiller général de la Vienne; — **Georges Bourgeois**, pasteur au Creuzot, docteur en droit, licencié ès-lettres; — **Ch. Gide**, Professeur à la Faculté de Droit de Montpellier; — **Ph. Jalabert**, ✻, Professeur à la Faculté de Droit de Paris, Membre du Conseil central des Églises réformées; — **Armand Lods**, Docteur en Droit, Avocat à la Cour d'appel de Paris; — **Frank Puaux**, Pasteur et licencié en théologie, à Paris, directeur de la *Revue chrétienne*; — **Edg. Trigant-Geneste**, Conseiller de Préfecture de l'Indre.

La *Revue de Droit* paraît chaque mois par cahier de 32 pages. Elle contient des articles de droit ecclésiastique pratique, les documents par ordre chronologique de 1789 à nos jours, les lois, décrets, arrêts, jugements de publication récente au fur et à mesure qu'ils paraissent et avec des commentaires, une chronique des événements intéressant les églises, des consultations, qui sont données aux *abonnés* gratuitement, et un article bibliographique. De plus la couverture est employée à un résumé de jurisprudence pratique.

L'Abonnement est de 10 fr. par an.

S'adresser à M. TRIGANT-GENESTE, Châteauroux.

Châteauroux, imp. Aupetit. 14598